Uli Stein

Herzlichen Glückwunsch!

Lappan

Uli Stein, 1946 in Hannover geboren, stürzte sich
nach einigen Semestern Pädagogik als Satiriker,
Nonsens-Schreiber und vor allem als Cartoonist ins
freischaffende Berufsleben.
Seine dicknasigen Figuren mit Spiegeleieraugen
und seine verschmitzten Katzen, Hunde und Mäuse
begeistern Woche für Woche Millionen von Zeit-
schriftenlesern. Auf Hunderten von verschiedenen
Karten und zahllosen Geschenkartikeln sind sie
inzwischen zu finden. Seine bisher im Lappan Verlag
erschienenen Bücher haben eine Gesamtauflage
von über sechs Millionen Exemplaren erreicht
und zählen zu den erfolgreichsten
Cartoonbüchern überhaupt.

Gedruckt auf chlorfrei gebleichtem Papier

258. - 273. Tausend
7. Auflage Januar 1999

© 1995 Lappan Verlag GmbH
Postfach 3407 · 26024 Oldenburg
Konzept und Gestaltung: Dieter Schwalm
Reproduktion: Saik Wah Press · Singapur
Gesamtherstellung:
Proost International Book Production
Printed in Belgium
ISBN 3-89082-562-1

Meine Frau wünscht sich dieses Jahr etwas Persönliches zum Geburtstag.
Können Sie ihre Initialen in den Stiel gravieren?

Immer wieder schwierig!

Was soll man seinem Chef zum Geburtstag schenken?

Etwas Teepräsentatives?

Oder nur eine kleine Saufmerksamkeit?

Ehrlich gesagt, wir wissen es auch nicht!

Der gute Rat:

Sie wünschen sich ein Monopoly-Spiel?
Auch wenn's ein bißchen teurer ist:
Überlegen Sie mal, ob sie mit einem
moderneren Stereopoly nicht
besser beraten sind ...

Geburtstagstorten, wie sie sein sollen

Heute für:
Kfz-Mechaniker Lutz M. aus B.

Wußten Sie schon ...

... daß ein Gabelstaplerfahrer
an seinem Geburtstag mit „Hoch soll
er heben ...!" gefeiert wird?

Warum sagst du nicht frei heraus,
daß du dieses Jahr keinen Schlips zum Geburtstag möchtest?

Etwas
Selbstgemachtes

bereitet manchmal mehr Freude als jedes noch
so teure, gekaufte Geschenk!

*Ein paar selbstgestrickte
Radkappenschoner zum
Beispiel ...*

... eine hübsche Laubsägearbeit ...

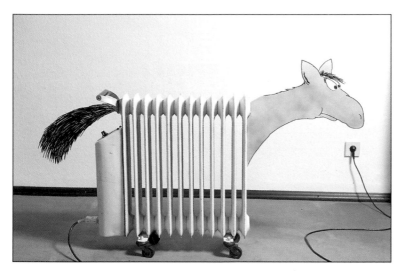

... ein heizbares Schaukelpferd für kalte Tage ...

... oder ein selbstgebauter Plattenreiniger für die alten, wertvollen Vinylschallplatten.

Gut gefragt!

„Wie wär's denn mal mit einem ohrringinellen Geschenk?"

(Juwelier zu einem ratlosen Ehemann)

Wußten Sie schon ...

... daß eine Zahnbürste zu den putzigen,
eine Badekappe zu den mützlichen,
ein goldenes Feuerzeug wiederum
zu den zündhaft teuren
Geschenken gerechnet wird?

Geburtstage, die man nie vergißt!

13.7.82 v. Chr.:
Julius Cäsar wird volljährig

Die goldene Regel
Je Vor die Freude, desto Über die Raschung!.

Wußten Sie schon ...

... daß 99,8 % aller Männer, die ihren Frauen zum Geburtstag eine vollautomatische Mähmaschine schenken, mal wieder nicht richtig hingehört haben?

Durchgefallen!

Gestern bei der Konditorprüfung
Torthographie: Mangelhaft!

Sagenhaft!

Würde man alle Krawatten zusammenknüpfen, die im letzten Jahr zu Geburtstagen verschenkt wurden, könnte sich daran ein Sträfling aus einem 563 756 Meter hohen Gefängnisfenster abseilen. Oder auch 563 756 Sträflinge aus einem ein Meter hohen Fenster!

Meine Frau hat morgen Geburtstag.
Können wir auf dem Heimweg noch kurz bei Douglas einsteigen?

Ein Schlips

... muß keineswegs ein einfallsloses Geschenk sein!

Der absolute Renner:
Ein „Schlipsophon" - die aktuelle Yuppiekrawatte mit eingearbeitetem Handy.

Dieser zum Beispiel ist für Radfahrer ...

Überaus praktisch
ist auch die Maxikrawatte mit Überlänge. Findet man mal wieder sein farblich passendes Einstecktüchlein nicht, wird sie von innen so in die Brusttasche ...

... und erspart einem das lästige Herumfuchteln beim Abbiegen.

... des Jacketts geschoben, daß die Spitze vorn wieder rausschaut.

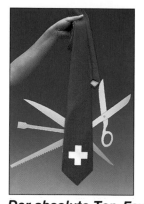

Der absolute Top-Favorit bei allen Männern:
Ein Schweizer Offiziersschlips.

Wer weder Hosengürtel noch Hosenträger liebt, wird sich über diesen Kombischlips freuen, der dem Beinkleid in jeder Situation einen tadellosen Sitz garantiert.

Auch immer wieder gern gesehen sind Krawatten mit eingewirkten Knöpfen.

sind damit ein für allemal vorbei:

Vor der Mahlzeit wird der Schlips diskret am Hemd festgeknöpft.

Die Zeiten, wo bei Tisch das gute Teil ein ums andere Mal versehentlich in die Suppe geriet,

Mal wieder typisch!

Erst wünschen sich die Frauen was Schönes
zum Anziehen. Und dann stehen sie
ratlos vor ihren Geburtstagstischen und wissen
nicht, was sie mit den ganzen Schrauben-
schlüsseln anfangen sollen!

Er hat einen Airbag für sein Auto gekriegt, und ich sag noch zu ihm:
Lies dir die Gebrauchsanweisung durch, bevor du daran rumfummelst …

Ein Computer ...

... ist ein tolles Geschenk. Wollen Sie einen verschenken,
sollten Sie ihn sich im Laden unbedingt vorführen lassen.
Sonst kann es Ihnen passieren, daß das Geburtstagskind
ihn freudestrahlend auspackt und sich herausstellt,
daß er aus einer Fehlproduktion stammt!
So wie dieses Notebook, bei dem man Bildschirm
und Tastatur falsch herum zusammengebaut hat:

Da ist dann meist die Enttäuschung riesengroß
und die Geburtstagsstimmung im Eimer!

Also: Augen auf beim Notebook-Kauf!

KÖNNEN SIE MIR HIER "HERZLICHEN GLÜCKWUNSCH ZUM GEBURTSTAG, MEIN KLEINES SCHNUCKELMÄUSCHEN" DRAUFSCHREIBEN?

Na gut, wenn du ihn partout nicht aufsetzen willst,
muß ich ihn halt tragen …

Der gute Tip:

Es muß nicht immer ...

... ein großes Geschenk sein.
Wenn es nur schön eingepackt ist!

Wußten Sie schon ...

... daß sich Musikliebhaber weitaus mehr
über Platten freuen als Autofahrer?

Selbstgekochte Marmelade ...

... ist immer wieder ein Geschenk, das gut ankommt.

Aber geben Sie sich das nächste Mal
auch ein bißchen mehr Mühe mit der Beschriftung der Gläser!

Ich weiß, daß du dir einen Anhänger aus Gold oder Platin gewünscht hast,
aber es gab sie nun mal nur aus Aluminium!

Wußten Sie auch ...

... daß Frauen mit ihren
Geburtstagsgeschenken sehr
juwelerisch sein können?

Ich habe nicht zwei Jahre Klavierunterricht genommen,
um jetzt mein Geburtstagsständchen auf der Blockflöte vorzutragen!

Bücher, die Spaß bringen!

Uli Stein
Alles Liebe

Uli Stein
Viel Spaß im Urlaub

Kai Felmy
Ich mag Dich!

Uli Stein
**Einen Toast
auf die Gastgeber!**

Polo
Viel Spaß beim Tanzen

Uli Stein
**Viel Spaß
mit Haustieren**

Wilfried Gebhard
**Mit freundlichen
Grüßen**

Karl-Heinz Brecheis
**Viel Spaß
auf dem Snowboard**

**Geburtstagsbücher für
Frauen** gibt's für den
30./40./50./60. Geburtstag

**Geburtstagsbücher für
Männer** gibt's für den
20./30./40./50./60. Geburtstag

Lappans Viel-Spaß-Bücher

Viel Spaß für Kids
*gibt's auch zu
vielen anderen Themen*

Noch-schöner-Bücher
*gibt's auch zu anderen
Gelegenheiten.*

Horoskope-Bücher
*gibt's für jedes
Sternzeichen!*

**Herzlichen-Glückwunsch-
Bücher** *gibt's auch zu
vielen anderen Anlässen.*

Vielen-Dank-Bücher
*gibt's auch zu vielen
anderen Anlässen.*